Claudia Toll | Ilka Sokolowski

Ich wünsche mir
ein Haustier

Das Meer-
schweinchen

Mit Bildern von Gerhard Schröder

Sauerländer

Inhalt

Alles über Meerschweinchen

Die richtige Unterbringung

Eingewöhnung und Kennenlernen

Die Ernährung

Zusammen sein und spielen

Beim Tierarzt

Meerschweinchenjunge

Auf Reisen

Vorwort

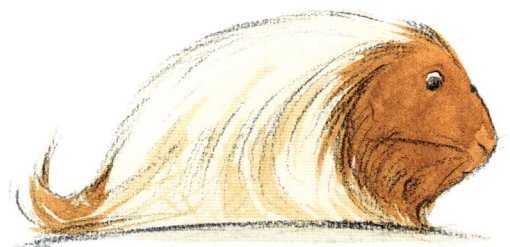

Liebe Eltern!

„Ich möchte ein Haustier haben!"
Irgendwann kommt bei jedem Kind dieser Wunsch auf. Und es ist etwas Wunderbares für Kinder, mit Tieren aufzuwachsen.

Aber kein Kind kann übersehen, was es bedeutet, ein Tier zu haben. Nicht nur für einige Tage oder Wochen, sondern ein ganzes Tierleben lang, ob es nun zwei, drei Jahre sind wie beim Goldhamster oder vielleicht achtzehn, zwanzig Jahre wie bei der Katze. Für das Tier zu sorgen, sich um es zu kümmern, es zu pflegen und mit ihm richtig – rücksichtsvoll und seiner Art gemäß – umzugehen, kann Ihr Kind nur von Ihnen lernen! Durch Sie erfährt es, was Verantwortung, Respekt, Geduld und Verpflichtung gegenüber einem Tier bedeuten.

Das sollten Sie vor der Entscheidung für ein Meerschweinchen bedenken:

Ein Meerschweinchen ist kein Meerschweinchen. Damit fängt es an: Dieses friedliche Tier muss immer in Gesellschaft mit wenigstens einem anderen Meerschweinchen leben. Meerschweinchen sind empfindsame Lebewesen, die ihre ganze Zutraulichkeit zeigen, wenn sie nicht wie ein Spielzeug behandelt werden, sondern mit großer Behutsamkeit.

Wenn Sie das berücksichtigen, ist es gar nicht schwierig, den Meerschweinchen ein artgemäßes Zuhause zu bieten. Je mehr die ganze Familie über die Bedürfnisse und Vorlieben der neuen Mitglieder weiß, desto besser. Dieses Buch will dazu beitragen – damit einer wunderbaren Freundschaft zwischen Meerschweinchen und Mensch nichts im Wege steht.

Wir wünschen Ihnen viel Freude mit Ihren Meerschweinchen!

Ilka Sokolowski und Claudia Toll

Meerschweinchen

Meerschweinchen stammen aus Südamerika. In Peru werden sie schon seit mindestens 1500 Jahren als Haustiere gehalten. Diese Hausmeerschweinchen brachten Seefahrer vor 400 Jahren nach Europa. Weil sie so quieken wie kleine Schweinchen und übers Meer zu uns gelangten, wurden sie Meerschweinchen genannt.

Die wilden Vorfahren

Hausmeerschweinchen stammen von einem Wildmeerschweinchen ab, dem Tschudi-Meerschweinchen. Es gibt außerdem noch das Wieselmeerschweinchen und das Bergmeerschweinchen. Alle sind in Südamerika beheimatet. Wildmeerschweinchen haben ein helles, braungraues Fell. Sie sind leichter, schlanker und hochbeiniger als unsere Meerschweinchen und darum auch wendiger. Sie leben in kleinen Gruppen und kommen in Höhen bis zu 4000 Metern vor.

Wo gibt es Meerschweinchen?

Im Tierheim warten sehr oft Meerschweinchen auf ein neues Zuhause. Die meisten Meerschweinchen, die es dort gibt oder die etwa im Zoofachhandel oder privat verkauft werden, sind Tierchen ohne jede Rasse – aber jedes ist einmalig! Sie stammen aus Zufallsverpaarungen oder es sind Tiere, die von Züchtern abgegeben wurden. Die meisten Tiere sind glatthaarige Meerschweinchen oder Rosettenmeerschweinchen.

Rassemeerschweinchen – lieber nicht!

Es gibt Rassemeerschweinchen mit glattem Fell und einer bestimmten Farbzeichnung. Rosettenmeerschweinchen haben Wirbel im Fell. Wenn es Rassetiere sind, müssen es wenigstens acht Wirbel sein. Crested Meerschweinchen sind glatthaarig und haben nur einen Wirbel: genau auf der Stirn. Rex-Meerschweinchen haben kurzes, krauses

Fell. Zu den Langhaarrassen gehören: Sheltie, Coronet, Texel mit lockigem Fell, Peruaner mit zwei Wirbeln am hinteren Rücken. Züchter legen genau die Merkmale für Rassetiere fest. Bis alle Meerschweinchen diese Merkmale aufweisen, müssen viele Tierchen „aussortiert" werden. Viele Rassemeerschweinchen sind daran zu erkennen, dass sie einen viel rundlicheren Kopf haben. Dadurch sind die Atemwege verkürzt und so können Probleme beim Atmen auftreten. Wer vermeiden möchte, Qualzuchten zu unterstützen, sollte seine Meerschweinchen aus dem Tierheim holen oder beim Kauf auf Rassemeerschweinchen verzichten

- Die Augen sind blank und weit geöffnet, sie sind nicht verkrustet oder verklebt.
- Die Ohrmuscheln sind sauber. Innen sind sie trocken.
- Die Nase und das Schnäuzchen sind trocken, ohne kahle Stellen und Schorf. Das Meerschweinchen niest nicht.
- Die Schneidezähne sind gleichmäßig gewachsen und weder zu lang noch gebogen.
- Der Bauch und das Hinterteil sind sauber und trocken, ohne Kotspuren.
- Die Krallen sind kurz und sauber.

Check: So sieht ein gesundes Schweinchen aus

- Das Meerschweinchen ist lebhaft und munter oder liegt ganz entspannt im Heu.
- Es läuft flink, ohne zu hoppeln oder zu hinken, es hält den Kopf gerade. Bei noch jungen Meerschweinchen ist es normal, wenn sie plötzliche Hopser machen.
- Es hat ein rundliches Bäuchlein, ist aber nicht fett, es hat keine hervorstehenden Knochen und einen geraden Rücken.
- Das Fell ist sauber und dicht, ohne kahle, verschorfte oder ausgefranste Stellen, es glänzt matt.

Gesellschaft muss sein!

Meerschweinchen sind keine Einzelgänger und dürfen deshalb auch nie allein gehalten werden. Sie sollten mindestens zu zweit sein, damit sie nach Meerschweinchenart leben können. Leider kommt es immer wieder vor, dass Meerschweinchen zusammen mit Kaninchen in einem Käfig gehalten werden. Das ist Tierquälerei! Beide Tierarten brauchen ihre eigenen Artgenossen um sich herum, um sich wohlzufühlen.

Der Rundumblick

Meerschweinchen haben einen großen Blickwinkel. Es ist fast unmöglich, sich von hinten an ein Meerschweinchen heranzuschleichen. Sie können die Farben Rot, Grün, Blau und Gelb gut unterscheiden. Dazu kannst du einen kleinen Test machen (Seite 21).

Was ist da zu hören?

Kein noch so leises Geräusch entgeht den Schweinchen! Sie nehmen auch sehr hohe Töne wahr, die der Mensch nicht mehr hört. Und sie erkennen sehr schnell vertraute Geräusche, etwa Schritte oder das Öffnen der Schranktür, Rascheln von Tüten oder Zubereitung von Futter. Dann ist sofort ihr Gequieke zu hören.

Feine Nase

Der Geruchssinn von Meerschweinchen ist sehr ausgeprägt. Der Geruch spielt eine große Rolle auch bei ihrem Zusammenleben.

Sie beschnuppern alles gründlich und sich gegenseitig. Ob ihnen ein Futter schmeckt, brauchen sie gar nicht zu probieren, sie riechen es schon. Meerschweinchen sind sehr empfindlich gegenüber unangenehmen Gerüchen, etwa von Zigaretten. Wenn sie etwas nicht gerne riechen, versuchen sie, dem Geruch auszuweichen.

Und guter Geschmack

Meerschweinchen bevorzugen ganz klar bestimmtes Futter. Die wilden Verwandten fressen vor allem frische Gräser und Kräuter, und das ist auch Hausmeerschweinchens Lieblingsspeise. Wenn Meerschweinchen einen Teller mit verschiedenen Gemüsesorten bekommen, verputzen sie am schnellsten das, was sie am liebsten mögen. Alles andere bleibt oft länger liegen.

Tasthaare

Die feinen, aber festen Tasthaare weisen den Meerschweinchen im Dunkeln den Weg. Die Schweinchen spüren damit sofort, wenn ein Durchschlupf zu eng wird. Sie ziehen sich ja gerne in Verstecke zurück.

Friedlich und freundlich

Meerschweinchen sind sehr friedliche Haustiere. Es kommt selten vor, dass sie beißen. Dann müssen sie schon sehr verärgert oder verängstigt sein! Sie lassen sich viel gefallen, ohne sich zu wehren. Umso wichtiger ist es, dass sie ganz behutsam und liebevoll behandelt werden.

Neugierige Angsthasen?

Meerschweinchen sind Fluchttiere – immer aufmerksam, immer auf dem Sprung. Wenn sie zutraulich geworden sind, verlieren sie ihre Schreckhaftigkeit. Vor allem wissen sie mit der Zeit, dass von ihrem Menschen nur Gutes zu erwarten ist. Dann kommen sie auch schon ans Gehegegitter und wollen wissen, was es gibt.
Meerschweinchen sind eben auch sehr neugierig. Sie erkunden ihre Umgebung und rennen gern überall herum.

Im Meerschweinchen- marsch

Meerschweinchen haben die Angewohnheit, hintereinander zu laufen, die Nase dicht am Hinterteil des Vorläufers. So machen es die Wildmeerschweinchen, um immer Körperkontakt zu halten, und darum wird das Verhalten auch Kontaktlaufen genannt.

Putzmunter: Fellpflege

Wenn Meerschweinchen sich gründlich putzen, hocken sie sich auch auf die Hinterbeine. Dann fahren sie sich mit den Pfoten über die Schnauze und die Ohren. Sie verrenken sich ordentlich beim Putzen.

Kuscheln im Heu

Meerschweinchen schlafen häufig, aber nur selten tief, und sie sind ganz schnell wach, beim leisesten Geräusch. Die meiste Zeit liegen sie nur mit geöffneten Augen im Heu und dösen. Eng nebeneinander liegen Meerschweinchen aber meist nur, wenn sie noch jung sind.

Schweinerennen

Vor allem junge Schweinchen rennen gerne. Sie machen dann plötzliche Kehrtwendungen, rennen vor und zurück. Wenn die Meerschweinchen älter werden, bewegen sie sich weniger.

Check: Passen Meerschweinchen zu mir?

1. Ich bin geduldig. (A)
2. Ich beobachte gerne. (A)
3. Ich höre gerne laute Musik. (B)
4. Bei mir ist immer viel Trubel. (B)
5. Ich bin sehr häufig unterwegs. (B)
6. Ich kann mich lange mit etwas beschäftigen. (A)
7. Für mein Haustier nehme ich mir gern eine Stunde Zeit am Tag. (A)
8. In unserer Wohnung ist nur wenig Platz für einen großen Käfig mit Auslauf. (B)
9. Ein Tier muss sich mir anpassen. (B)
10. Ich kann liebevoll mit kleinen Tieren umgehen. (A)
11. Den Käfig gründlich zu reinigen macht mir nichts aus. (A)
12. Dreck und Staub kann ich nicht leiden. (B)
13. Ich möchte mit meinem Haustier toben. (B)

Sechsmal A? Dann werden sich Meerschweinchen bei dir bestimmt wohlfühlen!

Etwa zur Hälfte A und B? Das sieht nicht nach einer ganz harmonischen Beziehung aus. Du solltest noch darüber nachdenken, ob Meerschweinchen wirklich gut bei dir aufgehoben sind.

Siebenmal B? Lieber keine Meerschweinchen. In dein Leben passen sie nicht so richtig.

Denke daran: Meerschweinchen können bis zu acht, neun Jahre alt werden. Sie werden zwar ruhiger im Alter, aber sie wollen dann immer noch, dass sich ihr Zweibeiner mit ihnen beschäftigt.

Unterbringung

Ein Käfig fürs Leben

Der Käfig, in dem deine Meerschweinchen ihr ganzes Leben verbringen, muss richtig groß sein! 150 mal 80 Zentimeter sollten es schon sein für zwei bis drei Schweinchen. Noch größer ist noch viel besser. Es gibt auch Käfige mit mehreren Ebenen.

Und ein Spielplatz dazu

Das muss sein: ein zusätzlicher, rundum eingefriedeter Auslauf, der an den Käfig grenzt. Aus der Käfigtür geht es direkt über eine Rampe oder Treppe oder Weidenbrücke dorthin. Bei einigen Schweinchen dauert es etwas länger, bis sie kapiert haben, wie sie hinübersteigen.

Die genaue Bauanleitung für den Auslauf findest du auf Seite 12.

Gehege im Garten

Am schönsten ist für die Schweinchen ein großes Gehege im Garten, wo sie tagsüber die warmen Monate verbringen. An das Leben draußen werden sie allmählich gewöhnt, von Tag zu Tag bleiben sie länger im Freien. Das Gehege muss natürlich supersicher sein, rundum eingegittert und nach unten und oben ganz dicht, so dass kein Tier eindringen kann: keine Katze, kein Marder, kein Vogel. Es darf nicht in der prallen Sonne stehen, es muss auch Schattenplätze geben. Unbedingt brauchen die Schweinchen

für die Haltung im Freien eine große und vor allem wetterfeste Hütte, die nicht unmittelbar auf dem Boden steht, weil es dort feucht werden kann. Am besten wird sie etwas erhöht auf Steine gestellt. Ein kleiner Aufgang führt zum Türchen. Häuschen wie für den Käfig sind fürs Gartengehege nicht geeignet. Es gibt gut isolierte Häuschen für die Haltung im Freien zu kaufen. Ansonsten wird das Freigehege mit allem eingerichtet, was auch im Käfig steht.

Und die Einrichtung

Holzhäuschen, Korkhöhlen, Heuverstecke, Weidentunnel – das ist es, was Meerschweinchen als Einrichtung brauchen. Jedes Schweinchen bekommt sein eigenes Schlafhäuschen ohne Fenster, aber mit zwei Eingängen. Groß genug, damit es sich darin drehen und wenden kann, also mindestens 20 mal 30 Zentimeter. Das Häuschen hat ein Flachdach, so entsteht eine tolle Aussichtsplattform! Zusätzlich kann noch eine Hängematte im Käfig angebracht sein, manche Schweinchen legen sich gern hinein, andere liegen lieber darunter. Es gibt auch kleine Zelte und Kuschelrollen aus Stoff.

Käfig säubern

Was kommt in den Käfig? Die Grundlage ist ausgebreitetes Zeitungspapier, das an den Rändern hochsteht. Darauf kommt

eine mindestens fünf Zentimeter dicke Schicht Kleintierstreu oder andere Einstreu ohne Duftstoffe. Und schließlich Heu, aber nicht überall, sondern vor allem in die Ecken, in denen die Meerschweinchen liegen, und in alle Häuschen und Verstecke und Höhlen.

Zu zweit lässt sich der Käfig leichter säubern. Das Zeitungspapier wird an den hochstehenden Rändern gegriffen und mit der gesamten Einstreu und dem, was vom Heu noch übrig geblieben ist, einfach eingerollt. Die Rolle kommt in einen Müllsack. Wenn du den Käfig allein säuberst, schaufelst du mit einem Kehrblech die Einstreu heraus.

So eine Grundreinigung ist, je nach Käfiggröße, etwa jede Woche notwendig. Danach wird der Käfigboden ohne Reinigungsmittel mit heißem Wasser einmal gründlich abgespült und nach dem Trocknen wieder frisch eingestreut. So lange warten die Schweinchen in ihrer Transportbox.

Teilreinigung

Da Meerschweinchen überall in den Käfig machen, wo sie liegen und stehen, ist die Einstreu oft sehr feucht. Am besten ist es, wenn du die Einstreu an den besonders durchweichten Stellen entfernst und gleich wieder neu nachfüllst. Futter- und Wassernapf werden jeden Tag ausgespült. Eine Nipptränke reinigst du mit heißem Wasser.

Check: Hast du alles?

- Käfig mit Auslauf
- Rampe oder Treppe für den Auslauf
- Einstreu und Heu
- Schlafhäuschen für jedes Schweinchen
- Röhren, Tunnel, Verstecke, Unterschlupfe
- abdeckbare Heuraufe (siehe Seite 18)
- Futternapf (siehe Seite 18)
- Wassernapf und Nipptränke (siehe Seite 18)
- Transportbox

Auslauf in Eigenbau

Der Tummelplatz für deine Meerschweinchen ist auch leicht selbst zu bauen. Diese Arbeit übernimmt am besten ein handwerklich geschickter Erwachsener. Benötigt werden dafür drei Sperrholzplatten, zwei davon haben die Größe 100 x 30 Zentimeter. Das werden die Seitenteile. Die Länge der Vorderseite richtet sich danach, wie lang der Käfig ist, denn der Auslauf soll ja passgenau angrenzen. Die Höhe der Vorderseite beträgt ebenfalls 30 Zentimeter. Die drei Teile werden mit Klavierband miteinander verbunden. Dann lassen sie sich auch mal zusammenklappen und weglegen – oder mitnehmen auf Reisen. Wenn du sie angrenzend an den Käfig aufstellst, achte darauf, dass kein Durchschlupf bleibt.

Als Untergrund für den Auslauf eignet sich eine Decke, die sich gut waschen lässt.

Futterwiese

Dafür brauchst du ein flaches Gefäß, zum Beispiel einen Untersatz für Blumentöpfe, Durchmesser etwa zwanzig Zentimeter. Du legst Küchenpapier hinein und feuchtest es an. Darauf streust du Weizenkörner aus, schön regelmäßig, aber nicht zu dicht. Jetzt musst du nur noch dafür sorgen, dass das Küchenpapier immer feucht ist, aber nicht patschnass. Der Weizen sprießt nach einigen Tagen. Wenn er etwa zehn Zentimter hoch ist, kannst du die grünen Sprossen verfüttern. Oder du stellst deinen Schweinchen gleich das Gefäß in den Auslauf. Bestimmt kommen sie bald angelaufen.

Meerschweinchen-Labyrinth

Für ein abwechslungsreiches Labyrinth brauchst du verschiedene Röhren aus Kunststoff (aus dem Baumarkt). Gut geeignet sind auch die Pappröhren, auf denen Teppichböden aufgerollt sind. Frag im Teppichhandel danach. Aus diesen Röhren, standfest aufgestellten Steinen und Pappwänden baust du ein Labyrinth mit vielen Verwinkelungen und auch mal einem blind endenden Gang. Leg in Abständen kleine Häppchen Futter aus, verteilt über das ganze Gangsystem. Dann schickst du deine Schweinchen in das Labyrinth. Finden sie den Weg? Wie schnell? Und verhalten sich deine Schweinchen dabei unterschiedlich?

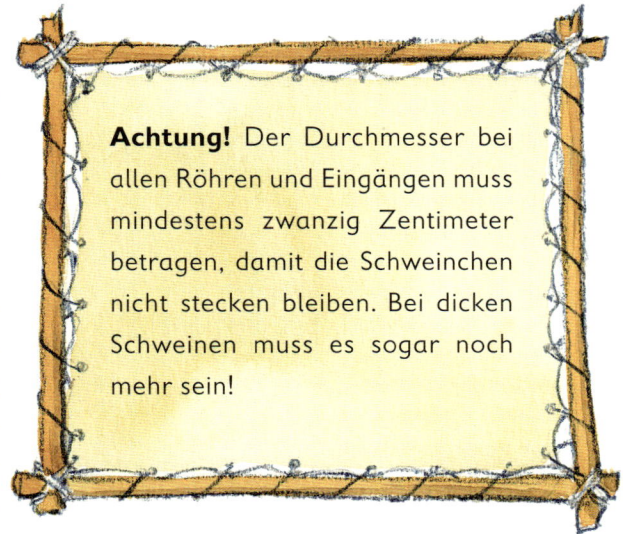

Achtung! Der Durchmesser bei allen Röhren und Eingängen muss mindestens zwanzig Zentimeter betragen, damit die Schweinchen nicht stecken bleiben. Bei dicken Schweinen muss es sogar noch mehr sein!

Hosenhöhle

Das macht Meerschweinchen Spaß: Von einer alten Hose schneidest du ein Hosenbein ab und legst es einfach nur in den Auslauf. Das Ende legst du so hin, dass es etwas geöffnet ist. Fast jedes Meerschweinchen wird versuchen, in dieses Versteck hineinzugelangen, und mit Kopfstößen wird es sich den Weg durch das ganze Hosenbein bahnen. Manchmal findet ein Meerschweinchen es im Hosenbein auch so gemütlich, dass es dort schläft ...

Heukarton

In den unteren Rand eines Pappkartons schneidest du eine kleine Klappe (etwa 20 x 20 cm). Den Karton füllst du locker mit Heu. Setze die Meerschweinchen vor die Öffnung und warte ab. Sie werden bald hineinsteigen und fressen. Den Heukarton stellst du mit in den Auslauf.

Eingewöhnung

Immer mit der Ruhe!

Stell dir vor, du wärst so klein und hilflos wie ein Meerschweinchen. Und plötzlich stünde ein zweibeiniger Riese vor deinem Käfig. Was für ein Schreck! Bloß schnell verstecken!

So ähnlich geht es deinen Meerschweinchen. Nähere dich deshalb langsam, sprich leise mit ihnen und vermeide hastige Bewegungen. Versuch sie mit Futter anzulocken. Ein frisches Stück Gurke ist für die meisten Schweinchen unwiderstehlich. Wenn sie sich trauen, das Futter aus deiner Hand zu fressen, kannst du versuchen, sie zu streicheln.

Check: Wie scheu oder zutraulich sind meine Meerschweinchen?

- Sie kommen gleich, wenn ich sie rufe. (A)
- Meine Meerschweinchen verstecken sich, sobald ich mich nähere. (C)
- Sie kommen nur, wenn es etwas zu fressen gibt. (B)
- Sie fressen aus der Hand und lassen sich auch streicheln. (A)

- Sie kommen freiwillig auf meine Hand, wenn ich Futter darauf liegen lasse. (A)
- Meine Meerschweinchen lassen sich nicht anfassen. (C)
- Sie flüchten sofort, wenn etwas Unerwartetes geschieht – eine hastige Bewegung, ein lautes Geräusch. (B)

Vorwiegend A: Glückwunsch! Deine Meerschweinchen sind schon sehr zutraulich.

Vorwiegend B: Sie verhalten sich nicht ungewöhnlich, aber vielleicht können sie noch ein wenig von ihrer Scheu verlieren, wenn du dich geduldig um sie bemühst.

Vorwiegend C: Deine Meerschweinchen sind sehr scheu – ihr müsst euch noch besser kennenlernen.

Mit der Zeit wirst du feststellen, dass nicht alle Meerschweinchen in gleicher Weise zutraulich oder schreckhaft sind. Manche bleiben immer scheu und lassen sich nicht gern anfassen – das musst du akzeptieren.

Wer mit wem?

Da Meerschweinchen ja auf keinen Fall einzeln gehalten werden sollen, ist die Frage: Welche Schweinchen vertragen sich denn? Bei Wurfgeschwistern geht das Zusammenleben meist gut. Dann sind auch reine Männchen- oder Weibchengruppen möglich. Die Männchen, Böckchen genannt, müssen aber unbedingt unter sich bleiben. Kommt ein Weibchen dazu, gibt es erbitterten Streit. In eine Weibchengruppe darf deshalb auch immer nur ein Böckchen kommen.

Nachwuchs vermeiden

Böckchen sind schon mit etwa vier, Weibchen mit etwa sechs Wochen geschlechtsreif. Die Tragzeit dauert im Durchschnitt 68 Tage – Meerschweinchen können also gleich mehrmals im Jahr Junge bekommen. Deshalb ist es wichtig, nur ein kastriertes Böckchen zusammen mit Weibchen zu halten. Es gibt unterschiedliche Meinungen, wann der beste Zeitpunkt für eine Kastration ist: Manche befürworten eine Frühkastration mit vier Wochen, andere finden, das Böckchen sollte ein halbes Jahr alt sein und mindestens 600 Gramm wiegen. Am besten entscheidet das der Tierarzt! Nach der Kastration dauert es sechs Wochen, bis das Böckchen zu den Weibchen darf. So lange ist es noch zeugungsfähig.

Guck mal, der Neue!

Kommt ein neues Meerschweinchen in eine Gruppe, wird es Auseinandersetzungen geben, bis der Neuzugang seinen Platz in der Rangordnung gefunden hat. Behalte deine Meerschweinchen in den ersten Tagen im Auge. Anfangs passiert vielleicht gar nichts, der Neuling wird nicht beachtet. Doch mit der Zeit nähern sich die Tiere einander, beschnuppern sich und jagen sich im Käfig herum. Ranghöhere Meerschweinchen werden versuchen, dem Neuen auf den Rücken zu springen – dieses sogenannte Aufreiten ist eine Überlegenheitsgeste.

Und wenn sich deine Meerschweinchen absolut nicht vertragen? Dann ist es am besten, eine neue Gruppe in einem eigenen Käfig zusammenzustellen.

Wie sprechen Meerschweinchen?

Meerschweinchen teilen uns über eine Vielzahl von Lauten mit, wie es ihnen geht. Auch untereinander reden sie viel. Das ist ihre Art, miteinander Kontakt zu halten.

Lautes Pfeifen

So klingt eine muntere Begrüßung auf Meerschweinchenart! Sie pfeifen, wenn ihr Mensch sich nähert, und freuen sich auf das Futter, das er hoffentlich mitbringt.

Quieken

Jungtiere, die sich verlassen fühlen, quieken jämmerlich: „Mama, wo bist du?"

Brummen

Dieser Beschwichtigungslaut wird oft missverstanden. Wenn ein Schweinchen brummt, weil du es auf den Arm nimmst und streichelst, zeigt es damit nicht etwa sein Behagen. Es versucht, sich selbst und dich zu beruhigen, damit du aufhörst.

Leises Gurren und Grunzen

Übersetzt in Menschensprache heißt das: „Mir geht's gut, ich fühl mich wohl!" Dieser Wohlfühllaut ist oft zu hören, wenn die Meerschweinchen behaglich im Heu liegen oder herumschnüffeln.

Knurren

Ein Böckchen stößt Knurrlaute aus, wenn es um ein Weibchen wirbt.

Zähneknirschen

Es bedeutet, das Meerschweinchen fühlt sich nicht wohl oder hat Schmerzen.

Zähnewetzen

Die Steigerung des Zähneknirschens, zusammen mit Kopfheben und aufgeregtem Trippeln, zeigt: Das Schweinchen ist wirklich sauer!

Knattern

Letzte Warnung vor dem Angriff! Ein Biss in eine aufdringliche Hand oder ein Kampf mit einem vorwitzigen Gruppenmitglied kann folgen.

Die Körpersprache

Neben den verschiedenen Lautäußerungen zeigen Meerschweinchen auch mit ihrer Körpersprache, was sie wollen und wie es ihnen geht.

Popcornen

Hast du mal gesehen, wie Maiskörner im Topf herumspringen, wenn sie zu Popcorn werden? Daran erinnert das wilde Gehüpfe, das Meerschweinchen manchmal an den Tag legen. Es wird Popcornen genannt und ist eine Übersprungshandlung: Das Meerschweinchen ist aufgeregt und weiß nicht, wie es sich verhalten soll. Es hat aber das starke Bedürfnis, etwas zu tun, und deshalb springt es. Dieses Verhalten kann nicht bewusst gesteuert werden. Besonders junge Meerschweinchen popcornen häufig: Sie entdecken ständig etwas Neues und sind oft auch verunsichert.

Kopf hochwerfen

Das ist eine Abwehrbewegung, vor allem bei unerwünschten Streicheleien. Untereinander drohen sich die Tiere damit.

Erstarren

Meerschweinchen können buchstäblich starr vor Angst werden. Lass sie dann in Ruhe, streichele sie auch nicht – das würde ihre Angst noch verstärken. Du kannst aber mit leiser, beruhigender Stimme auf sie einreden. Es kommt trotzdem vor, dass sie plötzlich in Panik wegrennen.

Aufpumpen, wiegender Gang, Körperseite zeigen

Dieses Brommseln ist ein typisches Imponiergehabe bei Böckchen. Das Meerschweinchen versucht, groß und beeindruckend zu wirken, um einen Rivalen in die Schranken zu weisen. Dabei knarrt und grummelt es.

Ducken

Wenn ein Meerschweinchen sich duckt und lang macht, ist das ein Zeichen von Unsicherheit. Die Angst ist aber nicht so groß, dass es weglaufen würde. Neugier und Vorsicht halten sich die Waage.

Ernährung

Hunger!

Meerschweinchen brauchen ständig Futter, denn sie haben einen Stopfdarm. Ihre Verdauung funktioniert nur, wenn in kurzen Abständen immer wieder etwas nachgeschoben wird, nach dem Motto: Oben rein, unten raus. Denk daran, wenn du längere Zeit nicht zu Hause bist! Sorg für genügend Vorrat oder bitte jemanden, regelmäßig frisches Futter nachzulegen. Ein ganzes Wochenende darfst du deine Schweinchen auf keinen Fall ohne Futter lassen – Fasten ist tödlich für sie.

Die richtigen Futternäpfe

Nicht jedes Futter muss im Napf serviert werden. Salat, frisches Gras oder Zweige zum Knabbern kannst du einfach so im Käfig verteilen. Für sehr feuchtes Futter wie Obst eignen sich flache Schälchen am besten. Standfest sollten sie sein, damit sie nicht so leicht umgeworfen werden können. Schälchen aus Keramik sind gut. Spül sie täglich mit klarem heißem Wasser ab.

Frisches Trinkwasser

Ein- bis zweimal am Tag sorgst du für frisches Trinkwasser. Du kannst wie beim Futter flache Ton- oder Keramikschälchen benutzen. Allerdings verschmutzt das Wasser darin leicht. Besser ist eine Tränke mit Röhrchen (Nipptränke) aus dem Zoofachhandel.

Hm, lecker: Heu!

Meerschweinchen sind keine Körnerfresser. Ihr Grundnahrungsmittel ist Heu, davon sollte im Käfig immer reichlich vorhanden sein.
Zusätzlich ist Frischkost in Form von Gemüse und etwas Obst wichtig.
Bei Durchfall alles Grünfutter absetzen und nur noch Heu füttern.

Vitamin C

Wie wir Menschen können auch Meerschweinchen dieses wichtige Vitamin nicht selbst bilden, es muss täglich über die Nahrung aufgenommen werden. Vitamin-Spender sind zum Beispiel Paprika, Grünkohl, Petersilie, Apfel, schwarze Johannisbeeren.

Was Meerschweinchen fressen

Gemüse

Möhre, Paprika, Gurke (geschält), Zucchini, frischer Mais (wenig), grüner Salat (aus Bioanbau), Fenchel, Steckrübe (sehr wenig), rote Beete, Brokkoli, Grünkohl, Petersilienwurzel. Möhren dürfen täglich auf dem Speiseplan stehen, die anderen Gemüse möglichst im Wechsel.

Kräuter

Petersilie, Löwenzahn, junge Giersch- und Brennnesselblätter (angetrocknet), frische Gräser, Rotklee (wenig), Gänseblümchen. Sammle Kräuter und Gräser nur an Stellen, die nicht in der Nähe von Straßen liegen (dort sind die Pflanzen von Abgasen und Dreck verseucht), und auch nicht dort, wo Hunde Gassi gehen.

Obst

Apfel und Birne ohne Kerne (Sie enthalten Blausäure!), Beeren, Banane, Melone, Mandarine. Melone und vor allem Banane sollte nur in kleinen Mengen und nicht täglich gefüttert werden.

Frische Zweige

Zweige von Birken, Haselsträuchern, Apfelbäumen, Erlen und Fichten sind – im Wechsel – jeden Tag willkommen. In der Rinde stecken gesunde Mineralien, das Knabbern dient außerdem der Zahnpflege: Die Zähne werden gewetzt und das Zahnfleisch wird massiert.

Was Meerschweinchen nicht fressen dürfen

Porree, Schnittlauch, Zwiebeln (scharf und blähend), Rettich, Radieschen (zu scharf), Hülsenfrüchte und Kohl (blähend), ausgenommen Brokkoli und Grünkohl, Avocado (für Meerschweinchen giftig), sehr süßes Steinobst wie Kirschen und Pflaumen (kann Durchfall und Diabetes verursachen), exotische Früchte wie Papaya, Mango und andere (verursachen Verdauungsstörungen).

Spielideen

Zusammenleben

Meerschweinchen brauchen nicht nur die Gesellschaft ihresgleichen, sie sind am liebsten in dem Raum, in dem sich auch die Menschen aufhalten. Lärm und viel Trubel und dröhnende Musik mögen sie allerdings nicht. Ihr Käfig sollte immer in einer ruhigen, zugfreien Ecke stehen.

Zeit zum Streicheln

Meerschweinchen zeigen ganz unterschiedliches Verhalten. Einige mögen gar nicht gestreichelt werden. Sie rennen weg oder zappeln und haben Angst. Aber manche genießen es richtig. Sie strecken die Vorderfüßchen nach vorn, machen sich ganz lang, gähnen, schmeißen sich ins Heu, schließen sogar die Augen.

Signal: wieder runter

Wenn ein Meerschweinchen, das auf deinem Schoß sitzt, anfängt unruhig zu werden oder auch beginnt, den Kopf nach allen Seiten zu bewegen, setz es gleich runter. Es mag dann nicht mehr. Vor allem zeigt es damit: „Ich muss mal nötig!"

Richtig hochheben und tragen

Für wild lebende Meerschweinchen gibt es kaum etwas Schlimmeres als den Angriff eines Greifvogels, der aus der Luft auf sie herabstößt. Einen ähnlichen Schrecken löst die Hand aus, die von oben auf sie zukommt. Sie ducken sich oder flüchten. Dieses Verhalten ist ihnen angeboren. Für ein Meerschweinchen bedeutet es Stress, hochgehoben zu werden! Versuch es daran zu gewöhnen, indem du es nicht durch den Käfig jagst, sondern mit einem Leckerbissen anlockst. Dann fasst du mit einer Hand unter den Bauch, mit der anderen stützt du das Hinterteil. Halte dein Meerschweinchen mit beiden Händen sicher an deiner Brust. Schon ein Sturz aus einem halben Meter Höhe kann für das kleine Tier tödlich enden.

Zeit für Spiele

Wenn die Meerschweinchen so richtig munter und gut gelaunt sind, haben sie vielleicht Lust auf ein Spielchen, am liebsten mit Futter. Sie sind ja (bis auf ihre Ruhestunden, in denen sie sich zurückziehen) oft aktiv. Es ist besser, wenn du dich mehrmals am Tag mit ihnen für kürzere Zeit beschäftigst als nur einmal, und es dann für sie zu viel wird.

Klettern und Springen

Meerschweinchen sind keine Klettertiere, aber auf ein Hindernis steigen können sie trotzdem. Du schichtest für sie flache, eckige Steine so auf, dass sie in Stufen auf eine Höhe von etwa 15 Zentimeter führen. Oben liegt ein Leckerchen. Über die Stufen müssen die Schweinchen auch wieder herabsteigen.

Manche Meerschweinchen können ganz gut springen und kommen dabei auf eine Höhe von etwa zwanzig Zentimeter. Rauf geht's ja noch gut, aber achte darauf, dass der Untergrund weich ist, wenn sie wieder abspringen, oder heb sie besser mit der Hand herunter.

Recken und Strecken

In den Löchern eines Hohlziegelsteins (die gibt es im Baufachhandel) steckst du ein Büschel Gräser, Kräuter oder ein Petersiliensträußchen fest – in einer Höhe, in der die Meerschweinchen sich so richtig lang machen müssen. Und dann müssen sie sich auch noch anstrengen, das leckere Grünzeug herauszuziehen.

Rot, Blau, Gelb

Wie gut können Meerschweinchen Farben unterscheiden? Du brauchst drei völlig gleiche Futternäpfe, aber in verschiedenen Farben. Die stellst du nebeneinander. Nur in einen davon legst du Meerschweinchens Lieblingsfutter, etwa ein Stückchen Gurke. Weil Meerschweinchen einen hervorragenden Geruchssinn haben, erschnuppern sie natürlich gleich, wo die Gurke liegt, und deshalb reibst du die andersfarbigen Näpfe mit Gurke aus. Jetzt werden die Schweinchen – jedes einzeln – auf die Näpfe losgelassen.

Mach diesen Test mehrere Tage hintereinander. Wann haben die Schweinchen gelernt, dass die Gurke garantiert immer im Napf mit einer bestimmten Farbe liegt?

Mitbringsel von draußen

Meerschweinchen finden es spannend, wenn du ihnen ein kleines Stückchen Wiese mit leckeren Futterpflanzen mitbringst, etwa Gräser, Spitzwegerich, Vogelmiere, Giersch, Kamille und etwas Klee. Auch über andere Leckerbissen von draußen freuen sich die Meerschweinchen. Sie mögen Hagebutten, die kleinen Früchte der Felsenbirne, ab und zu eine Löwenzahn- oder Kleeblüte. Schau dir in einem Bestimmungsbuch genau an, wie diese Pflanzen aussehen.

Aus Wald und Garten

Zweige mit Blättern schmecken Meerschweinchen gut und sind das richtige Nagematerial. Aus dem Garten sind die Zweige vom Apfelbaum besonders beliebt. Vom Waldspaziergang bringst du noch Zweige von der Buche und Haselnuss mit, davon können die Schweinchen große Mengen wegfuttern. Erlen-, Birken-, Ahorn- und Weidenzweige müssen ohne Blüten sein,

und davon gibt's immer nur wenig. Die Schweinchen mögen auch ab und zu frische Fichtenzweige.

Erlebnispfad

Wie wäre es, wenn du für deine Schweinchen den Auslauf mit unterschiedlichem Untergrund auslegst? Einiges davon gibt es zu kaufen, anderes findest du in der Natur. Jedes Teilstück ist etwa 30 x 30 Zentimeter groß, geeignet sind zum Beispiel getrocknete Blätter, klein geschnittene oder geknickte Zweige, Strohhäcksel, Hanfstreu, Buchenholzgranulat, Baumwollstreu, weicher Stoff, Erde, Sand. Jetzt legst du für deine Schweinchen Leckerbissen aus, verteilt über den Erlebnispfad. Wie verhalten sie sich, wenn sie über die verschiedenen Untergründe laufen?

Futtertest

Welches ist das Lieblingsfutter deiner Schweinchen? Leg verschiedene Futtersorten in einer Reihe auf den Boden, zum Beispiel: Stückchen von Gurke, Fenchel, Möhre, Roter Beete, Brokkoli, Tomate. Dann setzt du die Schweinchen, wieder jedes einzeln, in einem Abstand von etwa dreißig Zentimeter davor. Worauf rennen sie zuerst zielstrebig zu?

Check: Verstehst du deine Schweinchen?

Was bedeutet es, wenn ...

1. ... eines oder mehrere Schweinchen völlig verstummt sind?
   a. Sie sind wohl müde.
   b. Alarmsignal! Es geht ihnen nicht gut.
2. ... deine Schweinchen pfeifen, sobald sie dich sehen?
   a. Sie warnen sich gegenseitig: Achtung, Mensch!
   b. Sie begrüßen dich: Schön, dass du kommst! Hast du Futter mitgebracht?
3. ... ein Meerschweinchen heftig mit den Zähnen knirscht, wenn du es streicheln willst?
   a. Es will in Ruhe gelassen werden.
   b. Es könnte gleich beißen.
4. ... deine Schweinchen sich ducken und lang machen, sobald ein neuer Gegenstand im Käfig auftaucht?
   a. Sie sind vorsichtig, aber auch ein bisschen neugierig.
   b. Sie haben keine Lust, sich damit zu befassen.

Lösung: 1b, 2b, 3 a+b, 4a

Alle Fragen richtig beantwortet? Dann kennst du deine Meerschweinchen schon ganz gut. Wenn nicht, solltest du dir noch mehr Zeit für sie nehmen, sie beobachten und geduldig ihre Nähe suchen.

Check: Das machen meine Meerschweinchen am liebsten

- Sie fressen, und zwar besonders gern: Möhren, Fenchel, Gurke, Apfel, Paprika
- Sie liegen im Heu.
- Sie dösen.
- Sie schlafen.
- Sie rennen umher.
- Sie sitzen auf dem Häuschen.
- Sie streifen durch den Käfig und den Freilauf.
- Sie lassen sich streicheln.
- Sie verstecken sich.

Wie ist das Ergebnis? Wahrscheinlich steht an erster Stelle: Fressen! Auch vieles andere, was die Meerschweinchen so im Laufe des Tages tun, hat mit Fressen zu tun – jedenfalls mit der Suche nach Futter. Zum Beispiel, wenn sie durch den Käfig streifen oder umherlaufen.

Beim Tierarzt

Je genauer du deine Schweinchen beobachtest, desto besser. Dann wird dir sofort auffallen, wenn mit einem der Tiere etwas nicht stimmt.

Check: Alarmsignale bei kranken Meerschweinchen

Wenn du eines oder mehrere dieser Anzeichen bei deinem Schweinchen beobachtest, solltest du mit ihm sofort einen Tierarzt aufsuchen:

- Trübe Augen: können ein Zeichen von Fieber sein.
- Durchfall: Dauert er länger als einen Tag, kann eine ernst zu nehmende Verdauungsstörung dahinterstecken.
- Haarausfall: möglicherweise eine Haut- oder Stoffwechselerkrankung.
- Schief gewachsene Zähne: Achtung, das Schweinchen kann nicht mehr fressen!
- Appetitlosigkeit, Bewegungsunlust, Verstummen und auch gesträubtes Fell signalisieren, dass es dem Meerschweinchen nicht gut geht und dass es vielleicht Schmerzen hat.

Zur **Gesundheitsvorsorge** solltest du deine Schweinchen einmal in der Woche wiegen. Das geht am besten in der Schale einer Küchenwaage. Ausgewachsene Böckchen wiegen zwischen 800 und 1600 Gramm, die Weibchen 700 bis 1400 Gramm. Gewichtsverlust ist ein Alarmzeichen!

In der Transportbox

Für die Fahrt zum Tierarzt bringst du dein Meerschweinchen zusammen mit einem seiner Kumpel in einer Transportbox unter – Gesellschaft beruhigt! Die Box muss groß genug sein, dass die Schweinchen sich bequem darin ausstrecken können. Auf den Boden legst du ein zusammengefaltetes Handtuch und ausreichend Heu. Ist es kalt draußen? Dann leg eine nicht zu eine heiße Wärmflasche an einer Seite unter das Handtuch.

In einer Butterbrotbox oder einer Frischhaltetüte nimmst du außerdem ein paar Leckerbissen mit, von denen du weißt, dass deine Meerschweinchen sie besonders gern fressen. Damit kannst du sie beruhigen, ablenken und nach dem Tierarztbesuch belohnen.

Medizin für Meerschweinchen

Manchmal geht es nicht ohne Medikamente – du weißt das, der Tierarzt weiß es, aber deine Meerschweinchen verstehen das natürlich nicht. Warum sollen sie freiwillig etwas fressen oder schlucken, das eklig schmeckt? In den meisten Fällen wirst du es mit kleinen Tricks versuchen müssen: Tabletten kannst du fein zerbröseln und zusammen mit etwas Obst zerdrücken. Oder du löst sie in einem kleinen Löffel voll Saft auf, den das kranke Schweinchen aufschlabbert. Auch Tropfen, Pulver und Pasten lassen sich auf diese Weise im Futter verstecken.

Achtung! Für alle wasserlöslichen Medikamente gilt: Nicht ins allgemeine Trinkwasser geben! Dann kannst du nicht kontrollieren, wie viel das kranke Meerschweinchen zu sich nimmt. Stattdessen trinken vielleicht die anderen Schweinchen davon.

Wenn sich das Meerschweinchen nicht austricksen lässt, hilft nur sanftes Überreden: Du musst ihm das Medikament mit einer nadellosen Spritze (aus der Apotheke) verabreichen.
Dazu setzt du dich am besten im Schneidersitz auf den Boden und legst dir das Schweinchen zwischen die Beine, der Rücken zeigt zu dir. Fass es mit einer Hand um die Vorderpfoten. Mit der anderen schiebst du vorsichtig die Spritze seitlich hinter die Nagezähne. Damit das Schweinchen auch schluckt, streichelst du ihm sanft über den Hals. Das löst den Schluckreflex aus. Vorsicht, immer nur ganz wenig einflößen!

Krallen schneiden

In der Wildnis wetzen sich die Krallen von allein ab, im Gehege mit seiner weichen Einstreu ist das natürlich anders. Zu lange oder verwachsene Krallen sind für Meerschweinchen eine echte Qual, sie können dann nicht mehr richtig laufen. Wie rasch die Krallen wachsen, ist von Tier zu Tier unterschiedlich. Als Faustregel kannst du dir merken: Ungefähr alle drei Monate müssen sie geschnitten werden. Das Krallenschneiden solltest du am besten dem Tierarzt überlassen. Viele Schweinchen haben dunkle Krallen, bei denen die richtige Schnittstelle schwer zu erkennen ist. Außerdem zappeln sie und ziehen die Füßchen zurück – Verletzungsgefahr!

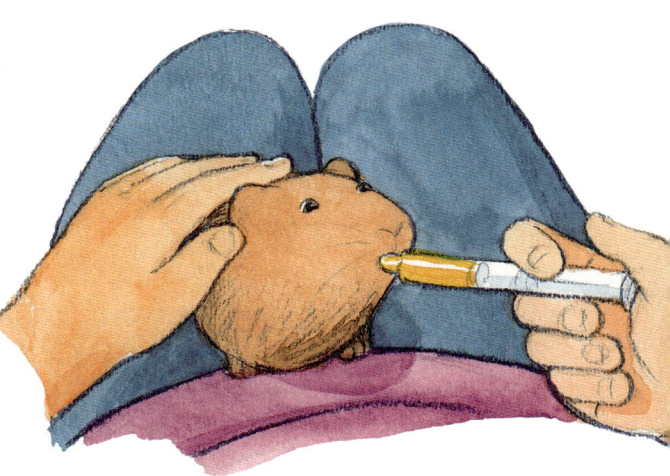

Meerschweinchenjunge

Wenn Nachwuchs unterwegs ist

Die Aufzucht von Meerschweinchen sollte man erfahrenen Züchtern überlassen. Manche Meerschweinchenrassen neigen zu vererbbaren Krankheiten. Außerdem: Wohin mit den kleinen Tierchen? Meerschweinchen können mehrmals im Jahr Junge bekommen. Das Weibchen ist schon wenige Stunden nach der Geburt erneut empfängnisbereit. Es ist unmöglich, alle neuen Meerschweinchen zu behalten, und schwierig, sie in gute Hände abzugeben. Um unerwünschten Nachwuchs zu vermeiden, sollte in einer gemischten Gruppe deshalb das Böckchen kastriert sein.

Aber manchmal passiert es eben doch, dass Nachwuchs unterwegs ist, weil du ungewollt ein bereits schwangeres Weibchen bekommen hast oder ein Böckchen doch noch nicht kastriert war.

Die Tragzeit

Tragzeit heißt die Zeit, in der das Meerschweinchenweibchen schwanger ist. Von der Paarung bis zur Geburt sind das etwa 68 Tage. Wenn du ein schwangeres Weibchen hast, nimm es so selten wie möglich hoch. Lässt sich das nicht vermeiden, fasse es nicht unter dem Bauch, sondern halte es so, dass alle vier Pfoten abgestützt sind.

Anfangs siehst du von der Schwangerschaft wahrscheinlich nicht viel, aber in den letzten zwei bis drei Wochen wird das Meerschweinchen richtig dick, es bewegt sich nur noch schwerfällig. Kein Wunder: Bis zu sechs Babys können in seinem Bauch sein; meist sind es aber nur zwei bis drei Junge.

Das Weibchen baut sich kein Nest, sondern sucht sich, wenn es so weit ist, ein möglichst ruhiges und ungestörtes Plätzchen im Gehege, wo es seine Jungen zur Welt bringt.

Kleine Nestflüchter

Meerschweinchenjunge kommen voll entwickelt zur Welt. Sie haben ein Fell, öffnen bereits im Mutterleib die Augen und verlieren schon vor der Geburt ihre Milchzähne. Sie wachsen und entwickeln sich wie im Zeitraffer: Schon wenige Stunden nach der Geburt laufen sie durch ihr Gehege, als hätten sie nie etwas anderes getan. Meerschweinchen gehören zu den Nestflüchtern. So werden alle Jungtiere genannt, die gleich nach der Geburt in der Lage sind, mit ihrer Gruppe oder ihren Eltern umherzuziehen.

Schweinchenfutter

Die Mini-Schweine probieren sogar schon vom Futter der Großen und knabbern am Heu. Trotzdem werden sie zwei bis drei Wochen lang von der Mutter gesäugt.

Noch sind die Kleinen Leichtgewichte. Mit 60 bis 100 Gramm wiegen sie bei der Geburt weniger als ein halbes Päckchen Butter. Aber die nahrhafte Meerschweinchenmilch sorgt dafür, dass sie rasch an Gewicht zulegen – pro Tag etwa vier Gramm.

Mit ungefähr acht Wochen sind die jungen Meerschweinchen bereits geschlechtsreif, aber mit sechs bis acht Monaten erst ausgewachsen.

Wie lange Meerschweinchen ihre Mutter brauchen – und warum

Alles, was Meerschweinchen für das Leben mit ihren Artgenossen wissen müssen, lernen sie von ihrer Mutter und den anderen Mitgliedern in der Gruppe. Und diese Lernphase dauert etwa bis zum Ende des zweiten Lebensmonats. Deshalb sollten Meerschweinchenjunge auf keinen Fall schon nach dem Ende der Stillzeit von ihrer Mutter getrennt werden, sondern mindestens sechs bis acht Wochen in ihrer Nähe verbringen.

Eine Ausnahme sind frühreife Böckchen, die manchmal schon kurz nach der dritten Woche versuchen, sich mit einem Weibchen – auch mit ihrer Mutter – zu paaren. Sie sollten am besten mit dem Vater oder ihren Brüdern zusammengesetzt werden, bis sie ausgewachsen sind und kastriert werden können.

Köttel fressen

Igitt, meine Meerschweinchen fressen Köttel! Das denkst du vielleicht, wenn du die kleine Schweinebande das erste Mal dabei beobachtest, wie sie sich Kotpillen einverleibt. Doch dieses Verhalten ist angeboren und sehr sinnvoll: Über den Kot nehmen Meerschweinchenjunge Vitamin B und andere Nährstoffe zu sich, die wichtig sind, damit ihr Darm richtig funktioniert. Das machen auch erwachsene Meerschweinchen.

Auf Reisen

Ganz ehrlich: Es ist nicht einfach, mit Meerschweinchen zu verreisen. Denn du musst mit einer Menge Gepäck rechnen! Während der Fahrt kannst du deine Meerschweinchen in einer ausreichend großen Transportbox unterbringen. Aber da müssen sie natürlich so bald wie möglich wieder raus. Also brauchst du auch einen Käfig und möglichst noch den zusammenklappbaren Auslauf (Seite 11). Jede Menge Heu darf auch nicht fehlen, die Häuschen zum Unterschlüpfen, die Futternäpfe, die Wassertränke ... Und du selbst hast ja vermutlich auch noch Gepäck. Ganz schön kompliziert, oder?

Alle haben am wenigsten Stress, wenn die Schweinchen zu Hause bleiben dürfen und dort gewissenhaft versorgt werden. Zweimal am Tag sollte jemand nach ihnen schauen und sich um Futternachschub und frisches Wasser kümmern.

Checkliste für die Urlaubsbetreuung:

- Ist ein Vorrat an Heu da?
  (Pro Woche etwa ein großer Beutel)
- Hast du eine Einkaufsliste für frisches Obst und Gemüse geschrieben?
- Weiß der Betreuer, welches Schweinchen was am liebsten frisst?
- Hast du ihm notiert, was und wie viel er täglich füttern muss?
- Hast du ihm erklärt, wie oft der Käfig gereinigt wird? Und wie das geht?
- Weiß er, was deine Meerschweinchen gern spielen?
- Liegt für Notfälle die Telefonnummer des Tierarztes bereit?

Kleiner Tapetenwechsel

Einen kürzeren Umzug kannst du deinen Meerschweinchen durchaus zumuten, wenn du keinen Betreuer für zu Hause findest. Dann sind sie bei Freunden, Verwandten oder anderen Meerschweinchenbesitzern gut aufgehoben. Achtung! Fremde Tiere nicht zueinander setzen!

Lade deinen Meerschweinchen-Betreuer zu dir nach Hause ein, bevor die Tiere zu ihm übersiedeln. Erklär ihm, worauf er achten muss, wenn er noch keine große Erfahrung im Umgang mit Meerschweinchen hat – oder gib ihm dieses Buch zu lesen!

Liste für den Umzug

Auch diesen vorübergehenden Umzug musst du gut planen. Mach dir am besten eine Liste, was du alles mitnehmen musst:

- Transportbox
- Heu und Futter für die ersten Tage
- Futternäpfe
- Wassertränke
- Häuschen
- das zusammenklappbare Freigehege
- Adresse und Telefonnummer des Tierarztes

Tierpension

Tierpensionen nehmen Haustiere für einen bestimmten Zeitraum auf. Einige sind sogar auf die Unterbringung von Nagern spezialisiert. Sie bieten ihren vierbeinigen Gästen im Sommer geräumige Freigehege.

Wenn du deine Meerschweinchen in einer Pension einquartieren willst, solltest du dir die Unterkunft vorher auf jeden Fall anschauen. Ist alles sauber? Wirken die Tiere zufrieden und gepflegt? Haben sie genug Platz?

Da es für Meerschweinchen keine Pflichtimpfungen gibt, musst du keinen Impfpass vorlegen.

Der Verein Meerschweinchenhilfe e.V. bietet außerdem Urlaubspflege zum Selbstkostenpreis an (Adresse siehe Seite 30).

Eine andere Möglichkeit ist der Deutsche Tierschutzbund. Hier gibt es die Initiative „Nimmst du mein Tier, nehm ich dein Tier!" Auf diese Weise helfen sich Tierbesitzer gegenseitig (Adresse siehe Seite 30).

Wichtige Adressen

Deutscher Tierschutzbund e.V.
Bundesgeschäftsstelle
Baumschulallee 15
D-53115 Bonn
Tel: (02 28) 60 49 6-40
Fax: (02 28) 60 49 6-40
www.tierschutzbund.de
www.jugendtierschutz.de
www.tierschutzkids.de

Der Deutsche Tierschutzbund ist Europas größte Tier- und Naturschutzorganisation. Seit über 125 Jahren kämpft er für Tiere in Not. Er ist die Dachorganisation von mehr als 700 Tierschutzvereinen mit über 500 vereinseigenen Tierheimen.

Deutsches Haustierregister e.V. (DHR)
www.registrier-dein-tier.de
24-Stunden-Service-Telefon:
(0228) 60496-35

Das Deutsche Haustierregister ist ein bundesweiter Suchdienst des Deutschen Tierschutzbundes e.V. Außerdem gibt es einen Datenaustausch mit einem europaweiten Netzwerk. Tierhalter können ihr Tier im Deutschen Haustierregister kostenlos registrieren lassen.

Tierärztliche Vereinigung für Tierschutz e.V. (TVT)
Geschäftsstelle
Bramscher Allee 5
49565 Bramsche
Tel: (0 54 68) 92 51 56
Fax: (0 54 68) 92 51 57
www.tierschutz-tvt.de

Die Tierärzte der TVT setzen sich mit ihrem Fachwissen für die artgerechte Haltung von Heim- und Nutztieren ein. Hier bekommst du wichtige Merkblätter und Infomaterial.

Meerschweinchenhilfe e.V.
Klingen 18
71540 Murrhardt
Tel. (07 00) 06 33 77 28
info@meerschweinchenhilfe.de
www.meerschweinchenhilfe.de

Die Meerschweinchenhilfe ist ein Tierschutzverein speziell für Meerschweinchen. Hier werden auch Schweinchen vermittelt.

Meerschweinchenfreunde Deutschland, Bundesverband Deutschland e.V.
Postfach 250222
68085 Mannheim
www.meerschweinchen-freunde.de

Der Bundesverband für Züchter und Halter von Meerschweinchen in Deutschland organisiert Ausstellungen, berät und bietet Gelegenheit zum gegenseitigen Austausch.

Die wichtigsten Tierschutzadressen findest du im Internet unter:
www.tierschutzverzeichnis.de

www.diebrain.de
Auf dieser privaten Internetseite gibt es eine Fülle von Informationen und Tipps für die Haltung von Meerschweinchen, aber auch von anderen Nagern.

www.kidsweb.de/tiere/
meerabc.htm
Das Wichtigste auf einen Blick, dazu ein Meerschweinchen-Quiz.

www.meerschweinchen.com
Mit anderen Meerschweinchen-Fans kannst du dich hier austauschen, diskutieren und Fragen stellen.

Eine Übersicht über Tierheime in Deutschland bietet diese Internet-Seite:
www.tierheim-liste.de

Register

Checks

Basteln

Spiele und Beschäftigungsideen

Der Deutsche Tierschutzbund e.V.

Europas größte Tier- und Naturschutzorganisation unterstützt mit den ihr angeschlossenen mehr als 700 Tierschutzvereinen und über 500 vereinseigenen Tierheimen den praktischen Tierschutz vor Ort. Der Verband setzt sich für eine bessere Tierschutzpolitik ein und legt die wissenschaftlichen Grundlagen für den Tierschutz. Der Deutsche Tierschutzbund ist als gemeinnützig anerkannt und politisch neutral. Als erste Tierschutzorganisation wurde ihm das DZI-Spenden-Siegel zugesprochen, zudem ist er Gründungsmitglied des Deutschen Spendenrates. Damit setzt er Zeichen für den transparenten und sparsamen Umgang mit Spendengeldern. Der Deutsche Tierschutzbund e.V. erhält keine öffentlichen Mittel und ist ausschließlich auf Spenden angewiesen: Spendenkonto des Deutschen Tierschutzbundes e.V., **Kto. 40 444, Sparkasse KölnBonn (BLZ 370 501 98)**

Bibliografische Information der Deutschen Nationalbibliothek
Die Deutsche Nationalbibliothek verzeichnet diese Publikation in der Deutschen Nationalbibliografie; detaillierte bibliografische Daten sind im Internet über http://dnb.d-nb.de abrufbar.

© 2009 Patmos Verlag GmbH & Co. KG
Sauerländer, Düsseldorf
Alle Rechte vorbehalten
Umschlaggestaltung: h.o. pinxit, Basel
unter Verwendung von Illustrationen von
Gerhard Schröder
Printed in Latvia
ISBN 978-3-7941-7646-5
www.sauerlaender.de